So geht's:

Das Beispiel zeigt, wie du mit miniLÜK spielst. Die Übung findest du auf Seite 2 und 3.
Öffne das miniLÜK®-Kontrollgerät und lege den Kontrollgerät-Boden des Kontrollgerätes auf die untere Übungsseite deines miniLÜK-Heftes.

Nimm Plättchen 1. und sieh dir Aufgabe 1. an.
Hier siehst du eine Leine, die zu einem wolligen Hund führt. Suche nun den gleichen Hund auf der unteren Seite. Lege dann das Plättchen 1. mit der Ziffer nach oben auf diesen Hund auf der unteren Seite.

So spielst du weiter, bis alle 12 Plättchen auf dem durchsichtigen Teil des Kontrollgerätes liegen und keine Bilder mehr zu sehen sind.
Dann schließt du das Kontrollgerät und drehst es um. Wenn du das bei der Übung abgebildete Muster siehst, hast du alles richtig gemacht.

Passen einige Plättchen nicht in das Muster, löst du diese Übungen noch einmal.

Stimmt es jetzt?
Dann nun viel Spaß!

Welcher Hund an welcher Leine?

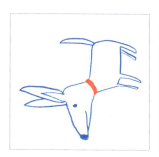

Wo ist das Gleiche?

Wo ist hier das Gleiche?

Lochpuzzles

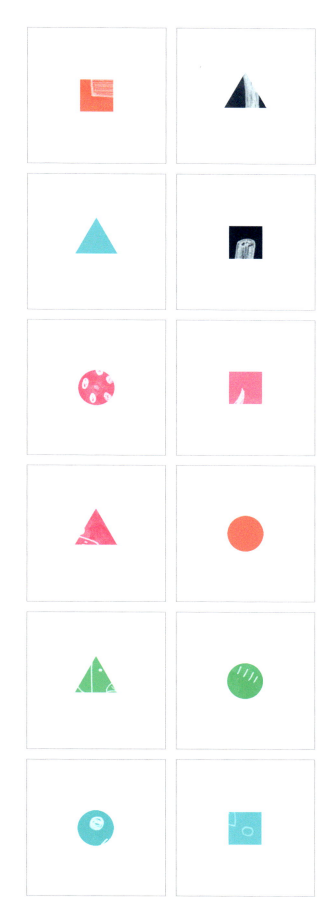

Wo ist das fehlende Teil?

11

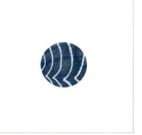

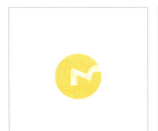

Punktebilder

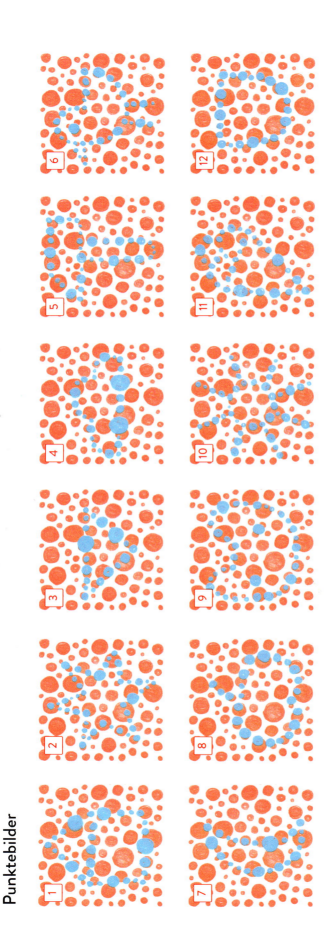

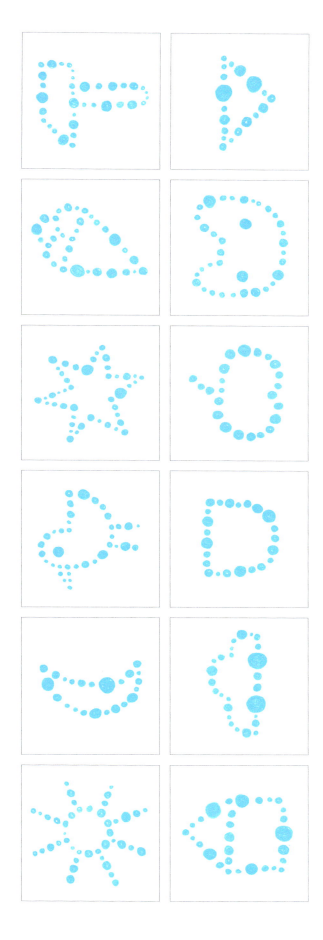

Wo ist das grüne Bild?

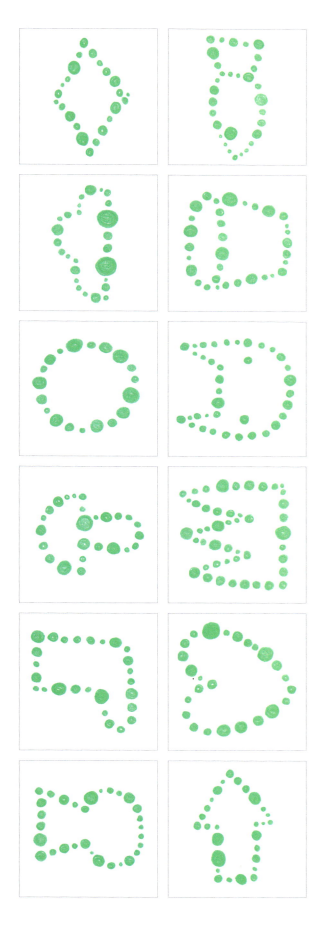

Das ABC der Tiere

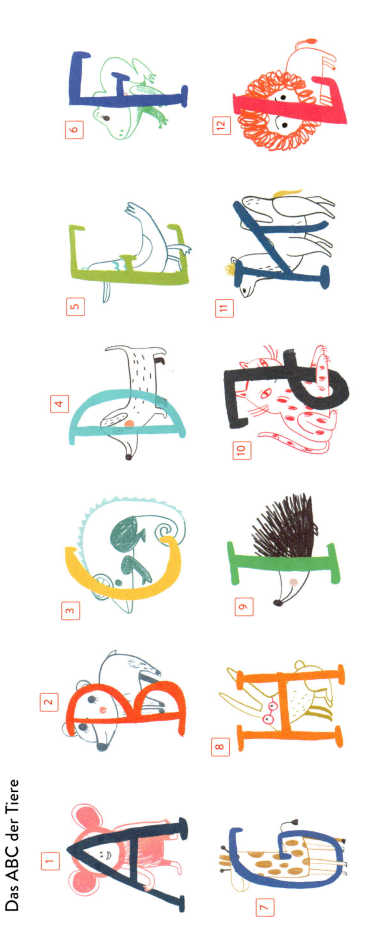

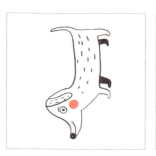

Hier geht es weiter.

Zähle und ordne zu!

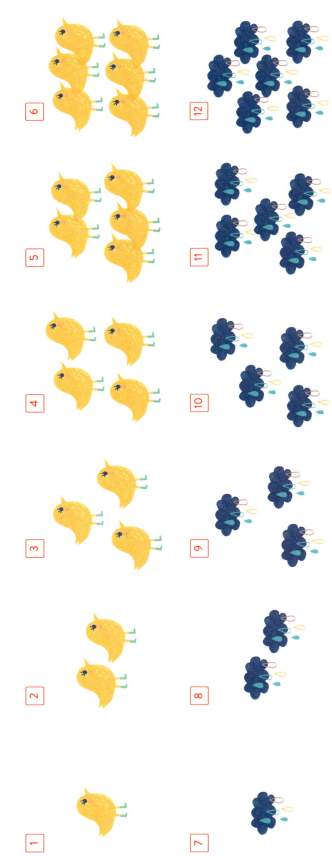

  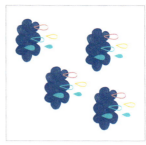
 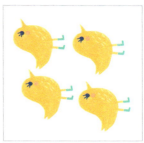

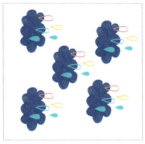 
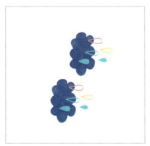 
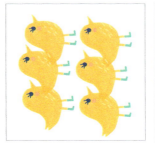 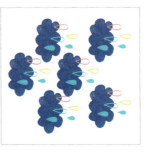

3, 4, 5, und 6 Dinge

1

2

3

4

5

6

7

8

9

10

11

12

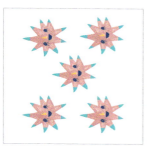 
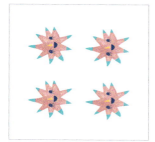 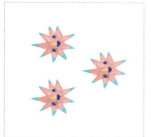

Wo ist das Gleiche?

Suche auch hier das Gleiche!

27

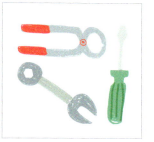

Schau genau!

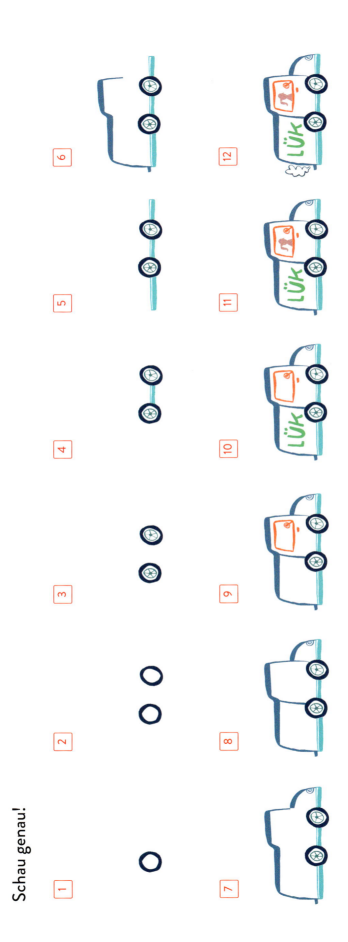